Voici qu'après grand-mère, Grand-Père Fontanille *prend la relève et, à son tour, raconte... Juché sur ses genoux, le petit bonhomme est tout oreilles, sous son bonnet à pompon :* Dame Souris *balaye sa cour, tandis qu'on s'affaire grandement dans* La Maison des petites Marmottes. *Du fond des bois qu'il a si souvent traversés, grand-père Fontanille fait surgir les personnages des* Mois de l'Année *ou des* Trois Marcassins, *fleurant bon l'odeur sylvestre qui imprègne le velours de son vieux pantalon...*

Livre-cadeau ou livre d'étrennes, *Grand-Père Fontanille raconte* est destiné aux lecteurs débutants, qui découvriront ou retrouveront avec joie les chers compagnons des petits albums. Mais on n'est jamais trop petit pour posséder un vrai livre ! Et même quand on ne lit pas encore tout seul, on est très sensible à la différence entre un petit album et un livre. En le lisant à l'enfant, conte après conte, jour après jour, l'adulte lui ouvre la perspective enchanteresse de la lecture au long cours.

Les séries de diapositives à partir desquelles a été réalisé ce livre sont des créations originales des éditions FONTANILLE, 15, rue de la Bourgogne, 92190 MEUDON.

ISBN - 2.217.56003.4.

Dépôt légal : Octobre 1987 — N° d'Éditeur : 5495.
Imprimé en Italie.

illustrations de Lucile Butel

Grand-père Fontanille raconte

gautier-languereau

La bonne vieille, un jour d'hiver,
s'est perdue dans le brouillard.
Elle frappe, par hasard,
à la porte d'une demeure.
C'est la maison des Mois de l'Année !
Parce que, de chacun d'eux,
elle sait apprécier
les mérites ou la beauté,
ils la comblent de bienfaits !
Quant à la méchante vieille...

Texte d'Yvette Toubeau
sur un thème de conte populaire

Les Mois de l'Année

Il était une fois une bonne vieille qui vivait pauvrement dans sa petite maison.

Un jour qu'elle ramassait du bois mort dans la forêt, la pluie se mit à tomber. Et, le brouillard montant, la bonne vieille perdit son chemin.

Elle finit par trouver un sentier qu'elle ne connaissait pas, et, bien qu'il fût très raide, elle le suivit un bon moment. Elle arriva ainsi à une belle demeure, au-dessus de la forêt.

Elle frappa à la porte qui s'ouvrit toute seule. Dans une grande pièce illuminée, douze hommes de tous âges étaient assis autour d'une grande table.

— Entre ! bonne vieille, dit l'un d'eux. Et sois la bienvenue ! Mais que fais-tu ici si tard ?
— Je ramassais du bois mort pour l'hiver, répondit-elle, et je me suis perdue à cause de la pluie et du brouillard.

— C'est que Décembre est sans pitié.
Il ne prend soin de rien ni de personne.
— Mais, reprit la vieille, sans le froid et la pluie glacée de Décembre, la terre ne pourrait se reposer et les graines qui y dorment se dessécheraient.

— Veux-tu dire que tu aimes les mois d'hiver ? dit celui qui portait une barbe de neige.

— Sûrement, dit la bonne vieille, tout autant que j'aime ceux de l'été qui me rendent un peu de vigueur.

— Le plus beau n'est-il pas le mois de Mai ? demanda l'un des plus jeunes.
— Mai est superbe, dit la vieille, comme le printemps. Mais l'automne, avec tous ses fruits, n'est pas moins beau. Tous les mois sont bons et chacun apporte à l'an ce qu'il faut.

— Bonne vieille,
tu es ici dans
la maison des Mois
de l'Année, dit l'un des plus superbement
vêtus. Donne-nous donc ton bissac.
Et il le remplit de pièces d'or.

La bonne vieille, toute heureuse, rentra bien vite chez elle. Elle acheta une vache et fit réparer sa petite maison. Elle y vivait désormais sans peine et sans soucis.

Sa voisine, une méchante petite vieille qui ne manquait pourtant de rien, en fut jalouse. Elle voulut savoir comment la bonne vieille s'était procuré tant d'argent.

Elle s'en vint le lui demander.
Et la bonne vieille ne lui cacha pas
que c'était un cadeau des habitants
de la belle maison au-dessus de la forêt.
Alors la méchante voulut à son tour
leur rendre visite.

Elle se mit en route dès le lendemain et frappa bientôt à la porte de la maison des Mois de l'Année.
— Entre et sois la bienvenue ! dit Octobre. Mais que fais-tu donc par ici ?
— Je ramasse du bois mort, répondit la vieille. Les mois d'hiver sont si mauvais !
— Je vois, reprit Octobre. Tu préfères les mois d'été.
— Ah ! là, là !... Ils ne valent guère mieux. Les mois d'hiver nous gèlent et ceux d'été nous brûlent ! Quant à ceux du printemps et de l'automne, ce ne sont que des capricieux : pluie et soleil à contre-temps !
— Donne-nous ton bissac, dit Février. Nous allons le remplir comme il faut. Mais prends bien garde de ne pas l'ouvrir avant d'être rentrée chez toi !

La méchante vieille s’en revint enchantée,
pliant sous le poids de son sac.

Mais quand elle l'ouvrit, il était plein de pierres !

Trois petits marcassins,
celui qui croyait au loup,
celui qui n'y croyait guère,
celui qui n'y croyait pas
le rencontrèrent
et ne s'en tirèrent...
que de justesse !

Texte d'Yvette Toubeau

Les trois marcassins

Jamais les petits marcassins n'étaient sortis tout seuls de leur bauge. Toujours ils allaient à la queue leu leu, entre le sanglier, leur père, et leur mère la laie.

— Prenez garde au loup ! disait souvent la laie. Tant que vous n'aurez pas le poil uni, c'est le plus dangereux de vos ennemis.

Un jour, leurs parents étant partis à la recherche de nourriture, les trois marcassins, oubliant toutes recommandations, sortirent de leur repaire, en quête d'aventures.

— Et si nous rencontrons le loup ?... dit le plus timide qui ne voulait guère s'éloigner de sa tanière.
— Peuh ! le loup n'existe plus, répondit le plus hardi. C'est un conte de notre mère.

Si bien qu'après avoir fureté aux alentours de leur bauge les marcassins s'enfoncèrent dans le bois. Ils y rencontrèrent une famille de hérissons, et jouèrent à leur faire peur.

— Hou ! hou !... Voilà le loup ! criaient-ils en agitant les branches.
Et ils pouffaient de rire en voyant les petits hérissons se rouler en boule.

Mais ils ne rirent plus du tout quand ils virent dans le hallier une bête au poil sombre traverser en tapinois.

Ils en eurent le frisson. « Et si c'était le loup ?... » pensèrent les petits marcassins, qui n'avaient jamais vu de blaireau.

Tout à coup, le plus timide poussa un cri de terreur. Là, derrière la haie, deux yeux jaunes brillaient !...

Cette fois, ce fut la débandade. « Au loup !... au loup !... » crièrent les marcassins en fuyant. Mais ce n'était qu'un vieux bouc qui se reposait à l'ombre.

A bout de souffle, les marcassins s'arrêtèrent. Inquiets, ils tendirent l'oreille... Tout était calme dans le bois. Personne ne les poursuivait.

Alors le plus hardi exulta :
— On court plus vite que le lou-oup !...
— Vraiment ?... dit une espèce de chien à l'œil oblique, caché derrière un rocher.
Les petits marcassins sursautèrent, et pour se rassurer reprirent leur chant de victoire :
— On court plus vite que le lou-oup ! On court plus vite que le loup !...

— J’aimerais voir ça, dit l’espèce de chien. Jouons au loup et nous verrons bien... Moi, je serai le loup, vous serez les petits cochons.
Les marcassins n’y virent pas malice, et ils demandèrent à leur compagnon de jeu de se cacher, comme doit le faire le loup.
Mais, quand il fut derrière la haie, ses yeux luirent si méchamment que le plus futé des petits cochons comprit à qui il avait affaire :
— Cette fois, c’est vraiment le loup ! cria-t-il à ses deux frères.

Ils détalèrent tous les trois, courant de toute la force de leurs petites pattes, chacun ouvrant son chemin dans le fourré, droit devant lui, pour ne pas gêner les autres.
Le loup hésita un instant. Lequel allait-il poursuivre ?...

Il se lança sur une piste,

mais elle était si étroite

qu'il fallut l'abandonner.
Il s'engagea sur une autre...

Les marcassins, eux, furent si rapides qu'ils se retrouvèrent à l'abri, tous les trois dans leur tanière, avant même que le loup n'ait eu le temps d'en repérer l'entrée.
Ils l'avaient échappé belle !...

*Balayer, laver, frotter,
pétrir et cuire,
moudre, coudre...
Attrayantes tâches
pour les tout-petits !
Charmantes images,
quand des marmottes
s'en chargent !...*

Texte d'Yvette Toubeau
sur un thème de conte populaire

La maison des petites marmottes

Il était une fois, dans leur tanière, une ourse et ses deux oursons qui ne se ressemblaient guère : le plus petit était vif et gai, l'autre bougon et paresseux.

Un jour, le plus petit s'en alla tout seul dans la forêt, à l'aventure... Et voilà qu'il découvrit l'entrée d'une galerie, au pied d'un buisson. « Qui donc habite là ? » se demanda-t-il.
Et il entra.

Au fond d'un long couloir, dans une suite de pièces en enfilade, tout un peuple de petites marmottes s'affairait. Certaines faisaient le ménage : balayant, époussetant, briquant... D'autres faisaient la lessive : savonnant, frottant, rinçant...

Dans la cuisine, on épluchait des légumes et des fruits, on tournait des sauces, on enfournait des rôtis et des gâteaux... On préparait des confitures. On pétrissait, on barattait... Pas une marmotte qui ne fût fort occupée !

Tout cela plaisait beaucoup au petit ours. « Moi aussi, je peux le faire !... » disait-il à chaque marmotte. Et comme celles-ci étaient gentilles, et patientes, elles lui apprirent à balayer, à épousseter... Il écossa des pois, écuma le bouillon, moulut le café...

Il apprit même à enfiler une aiguille, et fit ses premiers points.
Tout à coup, une clochette tinta :

Drelin, drelin ! Midi sonné !
Qui a bien travaillé va se régaler.
Qui n'a rien fait va regarder.

Les petites marmottes accoururent autour de la table où leur maman les attendait.

— Maman, maman ! dirent-elles, ce matin, c'est le petit ours qui a tout fait. Il nous a toutes aidées.

Alors la maman marmotte commença à remplir les assiettes. Dans celle du petit ours, elle mit ce qu'il y avait de meilleur.
Et dans celles de ses filles, elle ne mit pas grand'chose.

Mais le petit ours n'avait pas le cœur à se régaler tout seul. Et il partagea avec ses compagnes tout ce qu'on lui avait donné.

Après le repas, il prit congé des marmottes en les remerciant très gentiment, et elles lui donnèrent un grand pot de miel.

Quand elle sut comment son petit avait mérité un aussi beau cadeau, l'ourse dit à son frère qu'il devrait en faire autant.

— Je ne saurai pas, pleurnicha celui-ci, je suis trop petit !

Mais sa mère ne voulut rien entendre.

Le lendemain, l'ourson grognon dut se rendre chez les marmottes. Il était de si méchante humeur qu'il tira la queue de la première qu'il rencontra, et refusa d'en aider aucune.

Il éparpilla les balayures, vida tout un pot de sel dans la soupe, fit tomber le savon au fond du baquet, renversa la corbeille à linge, défila l'aiguille de la marmotte qui cousait...

Et quand la clochette tinta : *drelin, drelin !* les petites marmottes se précipitèrent auprès de leur mère en pleurant :

— Maman, maman ! rien n'est fini. Un méchant petit ours nous a empêchées de bien travailler aujourd'hui !

Alors la maman marmotte remplit toutes les assiettes de ses filles.
Et le méchant petit ours n'eut rien du tout.

Et il s'en retourna comme il était venu :
de bien méchante humeur ...
On n'est jamais trop petit pour mal faire !

Trouver trois petits sous...
Quelle aubaine pour une souris !
Que va-t-elle acheter ?
Ni viande ni poisson,
ni rien qui se grignote...
Juste un ruban pour se faire belle
et trouver, peut-être ? un mari !

Texte d'Yvette Toubeau
sur un thème de conte populaire

Dame Souris

La petite souris balayait
devant sa maison...

quand elle trouva, dans la poussière,
trois petits sous.

« Quelle chance ! se dit-elle.
Je vais m'acheter quelque chose.
De la viande ?... Non, il y a trop d'os.
Du poisson ?... Non, il y a trop d'arêtes.
Je vais m'acheter... un ruban ! »

Quand elle eut son ruban, elle le noua
fort joliment autour de son cou.

Un âne qui passait par là lui dit :
— Que tu es jolie, petite souris !
Je veux t'épouser.
— Chante un peu, lui répondit-elle, que j'entende ta voix.

— L'âne se mit à braire :
— Hi han ! Hi han !...
— Oh ! quelle horreur ! Quel bruit épouvantable ! Je ne pourrais le supporter. Je ne te veux pas pour mari.

Un chien passa.
— Que tu es mignonne, petite souris !
Je voudrais t'épouser.
— Chante un peu, lui répondit-elle, que j'entende ta voix.

— Ouah ! ouah ! ouah !... aboya le chien.
— Oh ! c'est affreux ! Tu me casses les oreilles. Je ne saurais m'habituer à des clabaudages pareils.

Un souriceau vint à passer.
— Que tu es belle, souricette !
Voudrais-tu m'épouser ?
— Chante un peu, lui répondit-elle,
que j'entende ta voix.

— Sss ! Sss ! Sss !... susurra le souriceau.
— Quel doux murmure, quelle voix tendre ! Petit souriceau, c'est toi que j'épouserai.

Pour célébrer le mariage,
on réunit tous les amis.

La fête fut superbe.

Et l'on s'apprêtait à se mettre à table,
quand on s'aperçut...
que le petit mari avait disparu !

On l'attendit une heure,
On l'attendit deux heures...
Mais le petit rat ne reparut pas.

Le vilain gourmand, trop pressé,
s'était fourré dans un pâté
qu'un chien vola et emporta.
Sans doute, il s'en échappa...

En attendant son retour,
Dame Souris balaie sa cour.